Baumbach, Martina/Czerwenka, Eva:
Emma und das Osterlämmchen
ISBN: 978 3 522 30368 2

Text: Martina Baumbach
Illustrationen: Eva Czerwenka
Einband- und Innentypografie: Michael Kimmerle
Schrift: Tiffy, Aller
Reproduktion: Photolitho AG, Gossau/Zürich
Druck und Bindung: Himmer AG, Augsburg

5 4 3 2 1° 14 15 16 17

Martina Baumbach Eva Czerwenka

Emma und das Osterlämmchen

Eine Geschichte über echte Osterfreude

Gabriel

»Felix ist der Palmesel!«, rufen Leni und Emma und kichern dabei, dass man es bestimmt bis zum Ende der Straße hören kann. Sie sind seit sieben Uhr wach und haben auf den Moment gewartet, wenn Felix endlich aus seinem Bett kommt. Denn wer am Palmsonntag als Letzter aufsteht, ist der Palmesel.

»Na, und«, sagt Felix und grinst von einem Ohr zum anderen. »Was habt ihr gegen Esel? Ein Esel war es schließlich, der Jesus nach Jerusalem getragen hat, und alle haben den beiden mit Palmzweigen zugejubelt!«

»Und ein Esel hat Maria nach Betlehem zur Krippe getragen!«, ruft Leni, und es klingt, als würde sie Felix darum beneiden, dass er der Palmesel ist. »Ja, und auf dem Hof vom alten Sebastian nebenan steht auch ein Esel«, brummt Emma. »Da könnt ihr zwei Esel euch gleich dazustellen.«

Da taucht auf einmal Papa ganz verschlafen in der Tür auf. Wer hätte das gedacht: Nicht Felix, sondern Papa ist diesmal der Palmesel!

Später beim Spielen beschließen Emma, Leni und Felix, dass sie auch wie die Großen fasten wollen. Na ja, nicht um abzunehmen und dabei den Tag über nichts als rohe Karotten zu essen, sondern wegen Ostern. Sie wollen auf Süßigkeiten verzichten. Alles, was aus Rascheltüten und Knisterpapier kommt, wollen sie bis Ostern nicht mehr essen – einzig die Marmelade auf dem Frühstücksbrot ist erlaubt. »Das ist noch ganz schön lang«, sagt Emma, als sie im Kalender die Tage bis Ostern abzählt. »Wer's nicht schafft, hat verloren!«, flüstert Felix Emma zu, damit Mama es nicht hört, denn ihr würde das sicher nicht gefallen. Ostern ist schließlich kein Wettkampf.

Leni findet das Ganze prima. »Dann freut sich meine Zunge umso mehr auf Ostern und Schokolade«, sagt sie zufrieden.

Am nächsten Tag ist allerbestes Frühlingswetter. Die Sonne scheint und die Vögel zwitschern so ausgelassen, dass es auch Emma, Leni und Felix nicht länger im Haus aushalten. Mit Gummistiefeln stapfen sie über die feuchte Wiese. Unter dem schmelzenden Schnee tauchen das frische Gras und die ersten Gänseblümchen auf. Bald ist Barfußwetter, denkt Emma und es kribbelt in ihren Zehen bei der Vorstellung. »Ich habe schon gedacht, der Winter würde nie wieder vorbeigehen«, sagt Emma und lacht erleichtert. Bei der alten Weide neben dem Fahrradschuppen nimmt Felix sie huckepack, damit sie ein paar Zweige für den Osterstrauß abschneiden kann.

Leni streichelt sanft über die pelzigen Kätzchen an den Ästen. »Kuschelige Frühlingskätzchen«, sagt sie andächtig. »Haben den ganzen Winter über geschlafen, jetzt sind sie wach.«

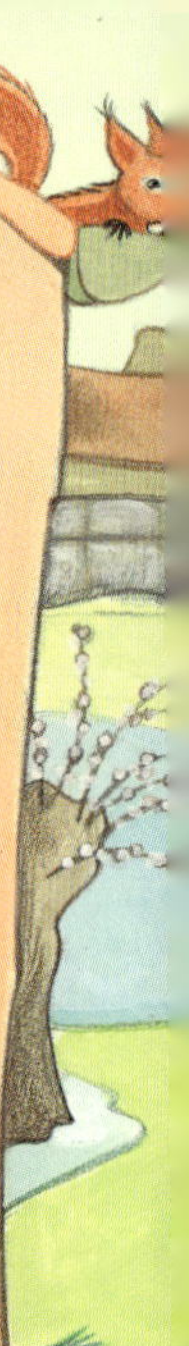

Heute ist Gründonnerstag und es sind nur noch drei Tage bis Ostern. »Höchste Zeit, dass wir Ostereier färben und Osterfladen backen«, sagt Emma. »Ob Jesus und seine Freunde damals für das letzte Abendmahl auch Fladen gebacken haben?« Sie nimmt Leni an die Hand und läuft mit ihr nach nebenan zum alten Sebastian, um Eier zu holen. »Dann suche ich euch mal die schönsten Eier aus«, sagt er und legt vorsichtig ein Ei nach dem anderen in die Schachtel. Da hört Emma ein helles »Mäh« aus dem offenen Stallfenster. »Sind das kleine Lämmchen?«, fragt sie.

»Ja, heute Nacht hat eins der Schafe Junge bekommen«, sagt der alte Sebastian lächelnd. »Wollt ihr sie ansehen?« Und dann stehen Emma und Leni vor den kleinen Lämmchen, die mit unaufhörlichem Mähen die weichen Mäuler an ihre Mutter drängen. Nur das Kleinste hockt ruhig im Stroh und sieht Emma und Leni mit großen dunklen Augen an.
Später beim Ostereierfärben malt Emma gleich auf das erste Ei ein kleines kuscheliges Lamm im Stroh.

Am Freitag sind Mama, Papa, Emma, Leni und Felix bei Oma und Opa zum Essen eingeladen. Es gibt Fisch und Kartoffeln. Für Emma, Leni und Felix hat Oma extra Fischstäbchen gemacht, doch Emma will lieber Würstchen mit Ketchup. Oma hebt Emma auf ihren Schoß. »Weißt du«, sagt sie. »Am Karfreitag denken die Menschen daran, dass Jesus gestorben ist. Und weil sie darüber traurig sind, essen sie heute kein Fleisch.«

Warum statt Fleisch aber Fisch erlaubt ist, versteht Emma nicht. Doch sie fragt Oma lieber nicht danach, sonst gibt es am Ende nicht nur keine Würstchen, sondern auch keine Fischstäbchen.

Nach dem Essen läuft Emma los, um im Stall nach den Lämmchen zu sehen. Die Schafmutter steht geduldig zwischen ihren Jungen. Doch das Kleinste wird immerzu von den beiden anderen zur Seite gedrängt, wenn es bei der Mutter trinken will.

»Das dürfen sie doch nicht tun!«, ruft Emma.
Der alte Sebastian zuckt nur mit den Schultern.
»Es ist zu klein und zu schwach«, murmelt er,
dann gibt er Emma ein Milchfläschchen. »Versuch
es mal damit«, sagt er und legt ihr das Lämmchen in den Arm.
Mit ruhiger Stimme redet Emma auf das kleine Fellbündel
ein und hält ihm den Flaschensauger ans Mäulchen.
Es schnuppert aber nur kurz daran und schläft
schließlich erschöpft ein.

Am Samstagabend bereitet Emma ihr Körbchen für die Osternacht in der Kirche vor. Sie packt einen gebackenen Osterfladen und ihre selbst bemalten Ostereier hinein, um sie morgen früh im Gottesdienst weihen zu lassen. Ganz obenauf legt sie das Ei mit dem gemalten Lämmchen. Das Lämmchen ... Emma betrachtet mutlos das kleine Bild.

»Wie soll ich mich denn auf Ostern freuen,
wenn das arme Lämmchen krank ist?«, fragt sie leise.
Papa legt den Arm um Emma. »Wir hoffen ganz fest,
dass es bald gesund wird«, sagt er.
»Glaub mir, beim alten Sebastian ist es in den besten Händen«,
sagt Mama. »Er kennt sich mit Tieren aus.«
Emma kuschelt sich in Papas Arm und nickt.
»... bestimmt ist es bis zum Sommer groß und stark«, murmelt sie.
Denn wenn sie nur fest genug daran glaubt, wird es sicher wahr.
»Und nun ab ins Bett«, sagt Mama und gibt Emma einen Kuss.
»Morgen, zum Osterfeuer, müssen wir um halb fünf aufstehen.«

Es ist noch dunkel, als Emma, Mama, Papa, Leni und Felix am frühen Sonntagmorgen am Feuerplatz hinter der Kirche ankommen. Ein hoher Berg aus Ästen und Zweigen ist dort für das Osterfeuer aufgeschichtet. Der Pfarrer begrüßt alle, doch Emma kann gar nicht richtig zuhören. Immerzu muss sie an das Lämmchen denken. Als sie vorhin am Hof des alten Sebastian vorbeikamen, war alles ruhig gewesen. Ob das ein gutes Zeichen ist?

Schließlich ist es so weit: Der Pfarrer zündet das Osterfeuer an und bald lodern helle Flammen in die Dunkelheit. Es knistert und riecht nach Rauch und Holz und Emma wird es richtig warm. Der Pfarrer zündet die große Osterkerze am Osterfeuer an und alle zusammen gehen sie damit in die Kirche. Am Horizont ist schon ein heller Streifen zu sehen, es wird Tag.

In der Kirche brennt kein Licht. Ganz anders als sonst. Nur die Osterkerze verbreitet sanft ihren Schein. Am Eingang bekommen Emma und alle anderen eine Mini-Osterkerze. Emma darf ihre Kerze an der Osterkerze entzünden. Als sie brennt, hält Emma ihre Flamme an Felix' Kerze, und Felix gibt seine Flamme an Mamas Kerze weiter. Genauso machen es auch alle anderen. Nacheinander zünden sie ihre Kerze an der ihres Nachbarn an, bis schließlich die ganze Kirche wunderschön erleuchtet ist.

»Freut euch, Ostern ist da!«, sagt der Pfarrer.
»Jesus ist auferstanden, er ist das Licht und hat
die Dunkelheit vertrieben!«
Dann fangen alle an zu singen.
Emma und Felix grinsen, als sie Leni
über die vielen Lichter ringsherum staunen sehen.
»Schaut mal«, flüstert Papa und zeigt nach vorne.
»Heute wird sogar jemand getauft.«

Am Ende des Gottesdienstes weiht der Pfarrer die mitgebrachten Osterkörbchen. Währenddessen dürfen alle Kinder nach vorne kommen und ein großes Holzkreuz mit frischen bunten Blüten schmücken. Leni macht dieses Jahr zum ersten Mal mit. Felix hebt Leni hoch, damit ihre Blüte einen besonders schönen Platz bekommt. »Tragt das Licht in euren Herzen«, sagt der Pfarrer zum Abschied.

Auf dem Heimweg hält Emma vorsichtig die Hand vor ihre Osterkerze. Der Wind würde die Flamme sonst glatt auspusten und Emma will sie unbedingt heil nach Hause bringen. »Das ist mein Teil vom großen Osterfeuer«, sagt sie stolz. Sie möchte dem alten Sebastian ein geweihtes Ei aus ihrem Korb vorbeibringen. In seinem Alter bekommt er sicher kein Osternest mehr, aber für ihn ist schließlich auch Ostern. Und dabei kann sie gleich nach dem Lämmchen sehen. Doch dann hat der alte Sebastian eine Überraschung für Emma. Denn schon von Weitem entdeckt sie auf der Weide vor seinem Hof ihr schönstes Ostergeschenk ...

Als würden sie Hummeln jagen, springen drei kleine Lämmchen übermütig durchs frische Gras. Und Emmas Lämmchen ist mit dabei! Gesund und munter tobt es mit den anderen herum. Emma gibt Mama ihre Kerze und läuft los.

»Es ist wieder gesund!«, ruft sie dem alten Sebastian zu. Der nickt lächelnd. »Ja, es ist ein richtiger Wirbelwind geworden, nicht wahr?«, sagt er. »Möchtest du einen Namen für es aussuchen?«

»Einen Namen aussuchen …«, flüstert Emma und ihr wird ganz feierlich zumute. Sie streckt die Hand aus und lockt das Kleine näher.

»Sag, wie willst du heißen?«
Das Lämmchen legt den Kopf schief, dann öffnet es das Mäulchen und sagt: »Mäh …«
»… Wölkchen?«, fragt Emma. »Ja, das ist schön! Wir nennen dich Wölkchen.« Emma streichelt über das weiche Fell und findet, dass der Name perfekt passt.
Da kuschelt sich Leni an Emma. »Jetzt ist das Licht, von dem der Pfarrer geredet hat, mitten in meinem Bauch«, sagt sie.
»Ja, in meinem auch«, sagt Emma lachend und gibt Leni einen Kuss.
»Jetzt ist wirklich Ostern!«

Zu Hause warten schon Oma, Opa, Tante Judith und Onkel Pavel. Der große Tisch ist mit vielen Leckereien für das Osterfrühstück gedeckt. Und der Palmkätzchenstrauß in der Vase ist mit bemalten Eiern und bunten Bändern geschmückt.
Emma, Leni und Felix stürmen in den Garten. Sie suchen unter allen Büschen und Blumentöpfen nach ihren Osternestern. Sie gucken hinter dem morschen Baumstumpf und im Fahrradschuppen und Felix klettert sogar auf den Apfelbaum. Schließlich entdeckt Leni ihr Nest als Erste, dann Emma und kurz darauf auch Felix. In Raschelttüten und Knisterpapier liegen darin die ersten Süßigkeiten seit Tagen.
Leni knabbert mit schokoladeverschmiertem Mund an einem Osterhasen herum. Alle lachen und sind gut gelaunt. Onkel Pavel gewinnt beim Eierstoßen sogar zwei Mal nacheinander.
Emma zieht Schuhe und Strümpfe aus und spürt das Gras unter ihren nackten Füßen. Ab und zu sieht sie über den Zaun zu den herumtollenden Lämmchen. Grinsend steckt sie sich ein ganzes Schokoladenei auf einmal in den Mund und ist einfach nur froh. Froh – wie Frohe Ostern.